大家と居住者の共生ものがたり

～賃貸型コーポラティブハウス〝あるじゅ〟二十年～

はじめに

あるじゅに入居して数年経ったある月の総会で、居住者の一人があるじゅを退去したいとみんなの前で申し出た。理由は、バブル崩壊のあおりを受けて会社の経営が悪化し、高い家賃を払い続けていくことが困難な状況になってしまったからとのことであった。この相談が持ちかけられた時、「それくらいのことで一人、また一人と抜けていったのでは、せっかく皆で力を合わせてあるじゅをつくった意味がないではないか。なんなら、家賃を払えるようになるまで、みんなで負担していこうよ」と言い切った居住者がいた。みんなも金銭的に余裕があるわけではないことは、十分認識していた。

居住者同士がこんなに熱い賃貸住宅が、これまで日本に存在していただろうか。

緑豊かな環境づくりと、大きな梢の下のコミュニティづくりを願って「コミュニティコーポ・あるじゅ」(漢字で書くと「有樹」)と名付けられた賃貸型コーポラティブハウスが、１９９３年4月に、地主・居住者の相互扶助を原則とした新しい生活をスタートさせた。

結果として「あるじゅ」では、社会的経済的影響によってつくられ・ねじ曲げられた住まいに対する資産的価値観を乗り越えた参加者の主体形成とコミュニティの豊かさが、人間性の解放を誘発するまでに高まり、その結果たいへん魅力ある生活者集団となった。まさにコーポラティブハウスの柱となっている「家族の生活に合った個性的な住まい」「一人ひとりが生き生きとした豊かなコミュニティ」が実現された。そんな中で、冒頭の発言が飛び出すまでの仲間意識や住み手同士の共助の精神が、日常の暮らしの中で醸成されていった。

この書では、日本で初めての賃貸型コーポラティブハウス誕生の軌跡から、二十年を経過したコミュニティあふれる生活ぶり、またバブル崩壊による社会状況の変化に対して、居住者が住み続けられ、大家が破綻することなく、お互いに知恵を出し合い困難を乗り越えていった様を描く。

目次

第三章　賃貸システム改変の変遷

第四章　あるじゅで育った第2世代の住まい観

第五章　「あるじゅ」20年間の検証

第一章　コーポラティブハウスの背景

1　日本のコーポラティブハウスの概括

日本でのコーポラティブハウスは、１９６８年に第1号である「コーポラティブハウス千駄ヶ谷」（4戸）が建設されて以来、45年間ほどで全国に６７０プロジェクト、1万３５００戸ほどが完成に至っている（２０１３年段階）[1]。きっかけとなったのは、都心は地価が非常に高いため、一緒に住めば一人あたりの住居費負担を軽減できるのではないかという発想であった。また１９７４年に完成したＯＨＰ（Our Housing Prpject）№１も、オイルショックで土地や建設費が大幅に高騰した年に、共同してできるだけ自らが動き、一部にセルフビルドなどを取り入れコストダウンを図ったものである。

コーポラティブハウスとは、旧建設省の定義では「自ら居住するための住宅を建設しようとする者が、組合を結成し、共同して事業計画を定め、土地取得、建物の設計、工事の発注、その他の業務を行い、住宅を取得し管理をしていく方式」とある。つまり、そこに住みたい人が集まり、自分の家を共同してつくっていく方法である。

コーポラティブハウスの歴史を簡単に記すと、１９７０年代は、建築家による、自らや仲間内の特殊解的な自由な住まいづくりが多かった。１９８０年代には、大都市圏への人口流入に対する住宅供給の波に乗って、郊外のニュータウン内に公団や公社による50世帯以上の規模の大きなコーポラティブハウスが実現した。1990年代に入り、バブル絶頂期には地価が高騰し土地取得が困難となり、プロジェクト数は激減した。しかし、土地を取得しない借地権型や定期借地権型といったプロジェクトが出現した。２０００年代に入ると、企画者主導で事業を組み立てたうえで参加者を募る「ライトコープ」と呼ばれるプロジェクトが出はじめ、コーディネート会社がビジネスとして自由設計のデザイン重視を打ち出し、一般分譲マンションでは満足できないユーザー層を引きつけた。２０１０年代では、市況マンション価格の下落と工事費の高騰を受けて実現性が見出せなくなり、環境共生やストック活用型、共助型といったテーマ性のあるプロジェクトが竣工してきている。

写真１　あるじゅ外観

表１　あるじゅ概要

所在地：東京都葛飾区柴又	
設計・コーディネート：㈱象地域設計	
構造：ＲＣ造	階数：４階
戸数：14戸	竣工年：1993年
敷地面積：666㎡	延床面積：1,083㎡
建築面積：382㎡	管理形態：自主的管理
住戸面積：26.81～92.48㎡　平均77.3㎡	
共用空間：共用倉庫、駐車場、駐輪場	

2　所有権型コーポラティブハウス

これまでに完成している日本のコーポラティブハウスの9割以上が、[2]土地・建物を所有する「所有権型コーポラティブハウス」である。これは、戦後の日本の住宅政策が持ち家主義に偏ったことが大きく影響している。先述の旧建設省によるコーポラティブハウスの定義では、土地を取得する所有権型が念頭に置かれている。

これらは、分譲マンションと同様、土地を所有することで担保の対象となり銀行からの融資を受けられ、住宅ローンを利用した購入が可能になった経緯がある。こうして、土地を所有する所有権型コーポラティブハウスが普及していったのである。

3　地域密着コーポラティブハウス

東京の東部地域で建築・まちづくり活動を実践していた株式会社象地域設計では、戸建て住宅の設計や地域に必要な生活施設（保育園や診療所、障害者施設、高齢者施設など）の計画・設計にあたり、地域の良好な関係の中でより良く暮らしていきたいと願う生活者の住まいづくり等をサポートしてきた。

持ち家政策の考え方では、30歳代に住宅を取得し住宅ローンを組む流れが一般的である。ライフステージにおいては、子どもを保育園に預けている世代であり、送り迎え時の立ち話などで、そろそろ住宅を購入したいといった話が出る頃だ。ただバブル期に入り、東京東部地域でも土地付き建て売り住宅は高額になり、それを求め県を超えて千葉県柏市や茨城県取手市に引っ越しをする人もいた。もう一つの選択肢は分譲マンションを購入する方法だが、当時分譲マンションは「終のすみ家」ではなく、過渡期の一時的な住まいという考え方が主流であった。子育てが十分に可能で、一生涯住むことができる広い分譲マンションは少なく、地域の中で所有型の住まいの選択肢がないような状況であった。

象地域設計では、そのような状況を踏まえ、良好に作られた地域の交友関係（子どもたちを含めて）を壊さずに維持発展させるような住まいづくりを願っている人が、家族の暮らしを発展させる住まいを他人と一緒につくる方法として地域密着コーポラティブハウスを提唱・実現してきた。

そのプロセスは、参加者自らが人づてで仲間を増やしながらグループを形成し、一定人数が集まったところで土地の目星を付けながら事業計画を固めていく方法である。そのため、参加者が必ず誰かの知り合いであり、気心の知れた人が仲間にいてグループの形成がしやすいことが特徴である。

事業の流れとしては、共同事業の成立性の見通しが立ったところで建設組合を結成し、さらに設計等の詳細を詰めて参加人数を確定させ、相互の協定等を締結して事業化していく。このような共同事業に不可欠なコーディネート、設計、工事などを、それぞれの専門家（会社）に発注し建物を完成させていくのが一連の流れである。

4　1989年当時の住宅事情

1980年代後半のバブル経済期には、異常なまでの地価高騰により土地取得が困難になり、コーポラティブハウスの建設数はかなり落ち込んだ。そのような状況のなか、地価を直接反映させず土地を所有しない「定期借地権型」や、それを発展させた「建物譲渡特約付定期借地権（つくば方式）」といった形のコーポラティブハウスのしくみが研究開発され、プロジェクトがいくつか誕生した。[(2)]
特にあるじゅが計画された1980年代後半は、東京23区の縁端地域でさえも1年間で土地価格が2倍にも跳ね上がり、とても一般庶民が土地を取得して建物を建てるといった状況ではなかった。もちろん分譲マンションの価格も吊り上がり、住宅ローンを高い金利（住宅金融公庫で年利7％）で借り入れ、ローン返済が高額となる状況でもあった。住宅政策としての持ち家政策と、地域に根ざした暮らしを願う庶民との乖離が大きくなっていた。

写真２　あるじゅ竣工式で館名板の完成に喜ぶこどもたち

写真３　共用通路にある居住者全員の手形。新入居者もペットも手形がある。

第二章　日本初の賃貸型コーポラティブハウスの誕生

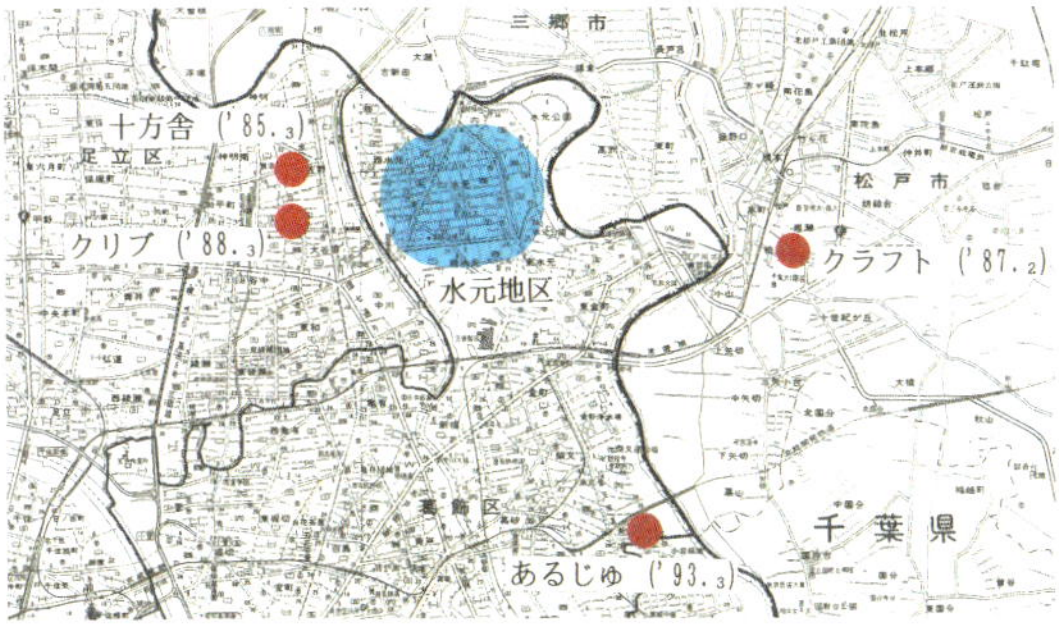

図２　葛飾区水元地域とあるじゅの位置図

１　コーポラティブハウスづくり運動の起こり

１９８５年に足立区で初めてのコーポラティブハウス十方舎が竣工し、その建設運動に関わりのあった方がベースとなって、１９８７年頃に葛飾区水元地域（**図２**）でコーポラティブハウスを実現させようと学習をすすめていた。その頃は7世帯くらいを中心に月に1回程度集まり、まずは仲間づくりを始めていた。目安として、世帯数は住宅金融公庫の「個人共同融資」制度を受けることができる10世帯、その家族が住めるような大きさの土地として５００㎡から１０００㎡程度を考えていた。費用としては、土地建物込みで坪あたり１２０万円、25坪程度の住戸で３０００万円程度を目安にしていた。

ただ、土地の情報を得ようと不動産屋に行っても、まとまった土地をこのような実現するかどうかわからないプロジェクトに対し、真剣に相談にのってくれるところはなかった。だから、不動産屋のウィンドウ広告の情報を見つけては、地図上にプロットして土地の検討を行ったりしていた。しかし、会合のたびに上昇する地価を前に、集まった人たちはただただ愕然とするばかりであった。さらに地価は上がり続け、一年で2倍以上になり、この状態ではコーポラティブハウスをつくることができないと判断し、この計画の中断を余儀なくされた。

2 賃貸型コーポラティブハウスとしての検討

そこで象地域設計内では、土地を所有しない形でのコーポラティブハウスが実現できないかを検討した。そのために、「住まい」とは何かを原点に立ちかえって考えた。より良い住まいとは住みよい快適な住環境（自然環境、社会環境）のもと、安心して住み続けられること、と考えた。つまり住まいを「資産」という経済的価値として測る考え方から解き放ち、家族の暮らしと豊かな人間関係をつくり、育まれる環境をつくることができるのあれば、「所有」か「賃貸」かは問題ではないという考えに行きついた。

構想を練るにあたって参考にした事例は、住宅都市整備公団のスケルトン賃貸方式であった。これは「フリープラン賃貸住宅」といい、躯体を公団の所有（賃貸）とし、内装を居住者（分譲）とする。土地や躯体を公有として居住者が少ない負担（内装費だけ）で住居を手に入れる（二段階供給方式）という考え方をベースにしており、内装費を居住者が負担する分、家賃が安くなるという仕組みになっている。間取り・内装などは、居住者が自由に買い取る方式で、実例は東京都内に2件あった。(3)

そして、１９８９年11月には「賃貸型コーポラティブハウス」構想がまとまり、水元グループの人たち全員（約30世帯）に声をかけた。時間が経過していて、すでに住宅を取得した人がいたり、賃貸に気がすすまない等の理由により、話を聞きに来てくれたのは10世帯程度にとどまった。

表2　あるじゅ竣工までの事業経過

	月	日	●居住者 ⇦ ■コーディネーター ⇨ ◆大家
創生期	'87.	3	**■水元にコープ住宅をつくろう呼びかけ**
			●水元グループのコープ住宅学習会
	'88.	3	**●地価高騰により土地探し断念**
			■水元グループに賃貸型による計画を助言
検討期	'89.	3	**◆土地活用の件で相談**
			◆普通の賃貸アパートを計画
		10	■「賃貸型コープ住宅」レポート作成
		11	●水元グループで「賃貸型コープ住宅」学習会
			◆賃貸型コープ住宅を提案
グループ形成期	'90.	9	■「地主共生型のコミュニティコープ住宅の検討」作成
			■事業方法の構想化
			■居住者参加の事業プロセスを具体化
		10	**●第1回コミュニティコープ住宅説明会**
		11	◆家族会議始まる
		12	▼現地見学会　◆コープ住宅づくりの方針決定
	'91.	1	◆家族会議で不安が噴出
		2	**●居住者組合準備会結成（10世帯）**
			■弁護士と不安事項の整理検討
		3	●居住者準備会で大家との協定書検討
			●参加者募集チラシを作成し呼びかけ
		4	▼コープ住宅〈クリブ〉見学会
			●大家と居住者の初顔合わせ◆
		5	**●居住者組合設計（6世帯）**
			●第1回居住者組合（11世帯決定）
			●大家と居住者組合が協定書調印◆
			●13戸分参加決定
		6	**●13戸分の住戸位置が決定**　◆再び家族会議で不安噴出
設計期		7	■賃貸型コープ住宅事業計画書作成
		8	●家賃の改定方法等のルール検討◆
			■基本設計開始
			▼コープ住宅〈クリブ〉見学会
		9	**●住戸界壁・住戸面積の決定**
		10	■「東京都優良民間賃貸住宅融資」に切り替え検討
			▼コーポ家族新聞発行　▼交流会
			■事業方式の変更について検討開始
		11	■事業方式の変更「新しい仕組み」作成
			●新しい仕組みでの賃貸借予約契約の調印◆
		12	▼忘年会
	'92.	1	■実施設計完了
		2	■東京都の優良民間賃貸住宅制度による入居者の公募期間内に入居予定者以外に応募なし
		4	**●起工式・工事着工◆**　◆工事請負契約
工事期		5	●暮らし方について話し合い
		7	▼コーポ家族新聞発行
		8	●上棟式◆
		9	▼建物内覧会・上棟を祝う会
		11	●完成後の維持管理の検討◆
	'92.	1	●管理自治組合規約・憲章づくり検討◆
		3	●「賃貸借契約」の締結・入居◆

凡例
●：居住者
◆：大家
■：コーディネーター
▼：全員

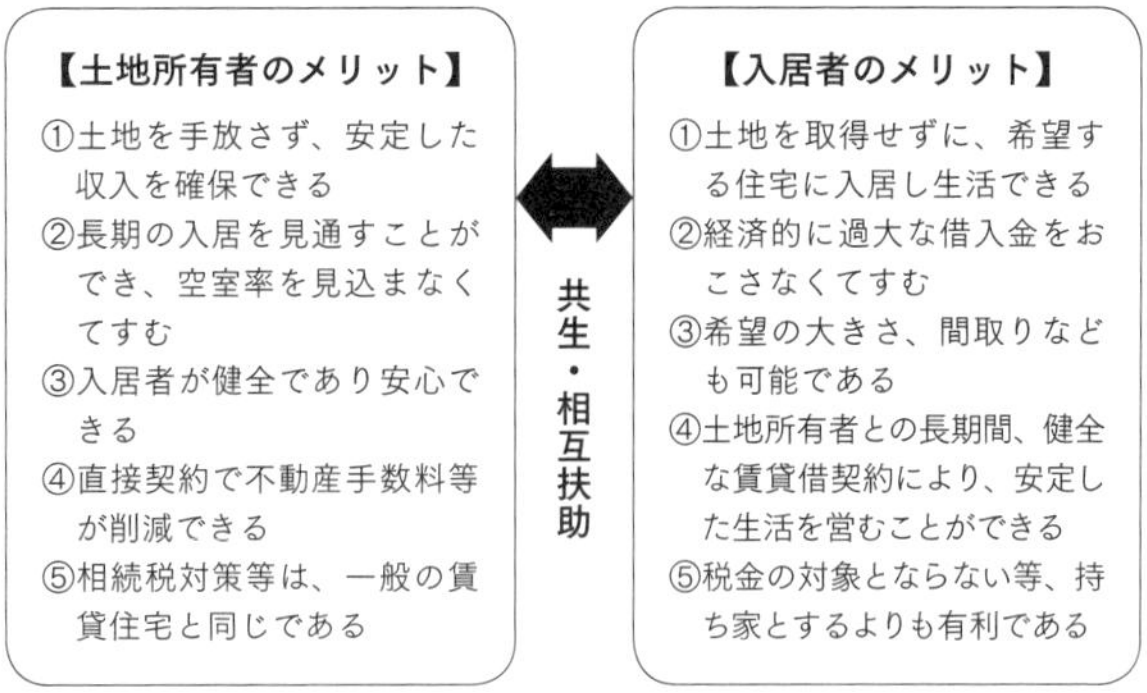
【土地所有者のメリット】
①土地を手放さず、安定した収入を確保できる
②長期の入居を見通すことができ、空室率を見込まなくてすむ
③入居者が健全であり安心できる
④直接契約で不動産手数料等が削減できる
⑤相続税対策等は、一般の賃貸住宅と同じである
共生・相互扶助
【入居者のメリット】
①土地を取得せずに、希望する住宅に入居し生活できる
②経済的に過大な借入金をおこさなくてすむ
③希望の大きさ、間取りなども可能である
④土地所有者との長期間、健全な賃貸借契約により、安定した生活を営むことができる
⑤税金の対象とならない等、持ち家とするよりも有利である

図３　あるじゅの特徴

3　賃貸型コーポラティブハウスの事業期

ちょうどその頃、土地活用の件で象地域設計に相談に来ていた人がいた。葛飾区の柴又に所有している土地を駐車場と資材置き場にしているが、そろそろ相続税対策を考えたいとのことだった。まわりを見渡すと宅地化の波が押し寄せ、賃貸アパートを建てるケースが多くなってきた。その土地にも賃貸アパートを建てる計画が進んだが、普通の賃貸住宅の大家と店子の関係になることにどうしても気が進まなかったという。その理由の一つは、知り合いの大家が入居者から「あの大家は……」などと陰口をたたかれているのを目の当たりにしていたからであった。

そのような事情もあり、賃貸型コーポラティブハウスの話を持ちかけたところ、前向きな感触が得られた。すでに完成しているコーポラティブハウスの暮らしぶりを見るにつけ、自分の家族との共通性が見出され、賃貸型コーポラティブハウスへの思いがふくらんでいった。

1990年9月に「地主共生型コミュニティコープ住宅」を提案し、一回目の説明会が開かれ、6世帯が参加する。その後も月に1回ぐらいの頻度で説明会を行い、およそ5~7世帯の参加があった。この参加者との学習・検討が続けられたが、それと同時に大家家族との話し合いも行われた。そこで出された懸案事項は、安定した経営ができるかどうか、内装が自由にできるかどうか、そして所有権はどうなるのか、内装費の保全は可能か、退去せざるを得ない時にはどうするのか、といったことであった。これらの解決に向けて一つひとつ検討していった。

同時に仲間集めを行い、もともとの水元グループから2人、その後1人、2人と人数が増えていき、1991年2月に10世帯での建設準備組合を結成するに至った。最終的には6月の居住者組合会議で、予定していた13世帯が決まった。

そして1991年4月、それまで別々に話し合いをしてきた地主（のちに大家となる）と入居予定者が面会する。地主はこの時のことを思い出して、「このような人たちに場所を提供してみたいと思った」と安心感を覚えたという。そして5月に地主と居住者が締結した協定書には、「共生の集住」が謳われた。

写真４　地主と居住者の初顔合わせの会合

４　賃貸のしくみについて

（1）家賃低減のためのシステム

普通の出来合いの賃貸住宅とは違って自分の自由な設計の住宅（生活）を手に入れるのであれば、自由な設計内容となる内装費を居住者が負担する考え方は、賃貸型コーポラティブハウスを提案した最初の段階からあった。この内装費相当分を、居住者が入居時に大家に対し建設資金の一部として貸し付け、その返済を毎月の家賃から差し引く考え方を検討した。

その検討の最中で、この頃創設された低金利で有利な東京都の「優良民間住宅

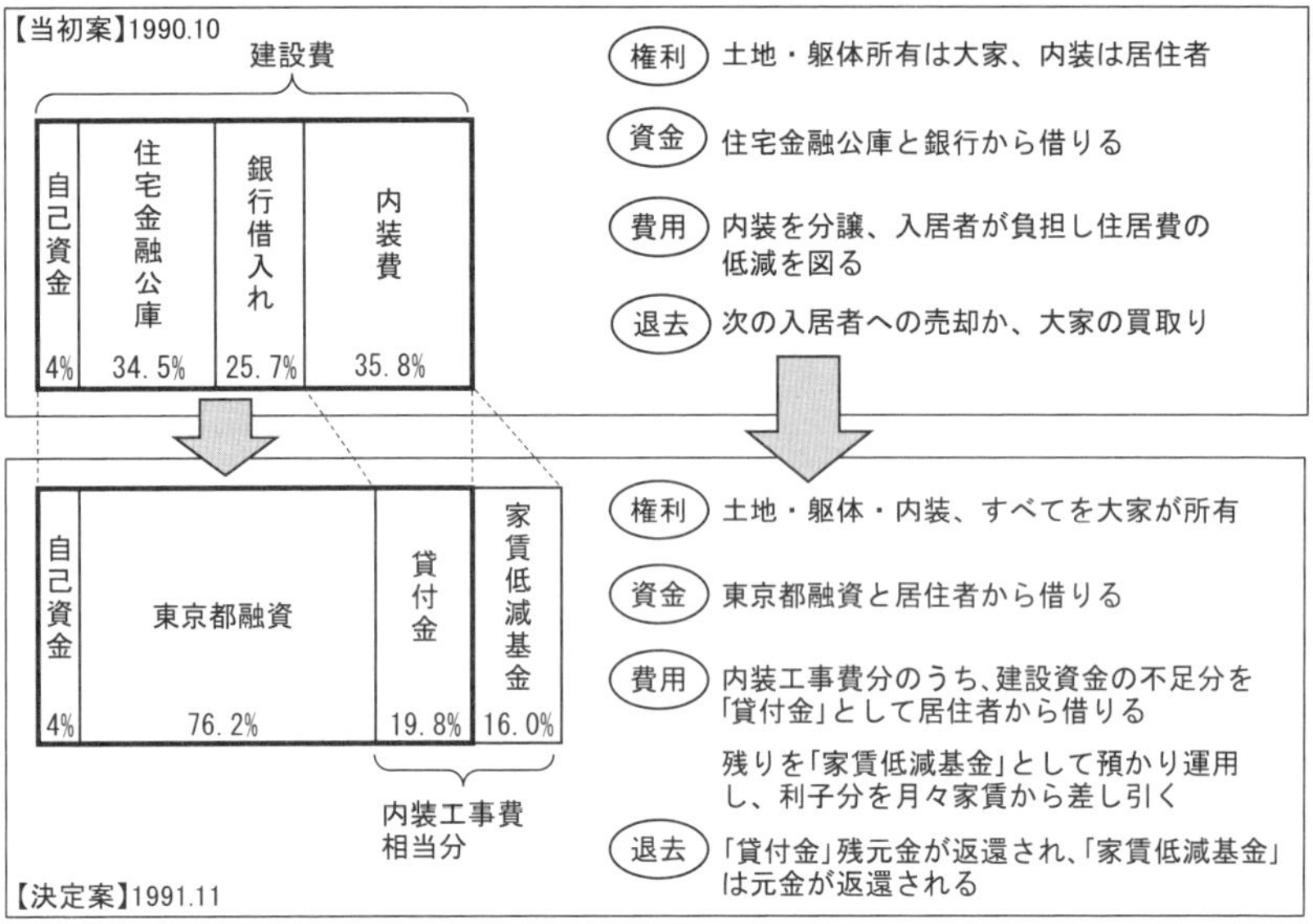

図４　事業方式の転換

建設資金」制度を利用すると初期の建設費全体が余ってしまった。そこで居住者がいったん負担する内装費相当分を、建設費に必要な「貸付金」と余剰分の「家賃低減基金」に分けることにして、それぞれ家賃を低減するしくみを見出した（図４）。

（２）貸付金

貸付金は建設協力金方式の考え方のもので、銀行金利よりも低い金利で大家が居住者から借りて事業に活用し、それを年利５・５％元利均等30年で家賃低減として毎月の家賃の中から居住者に償還する（図５）。したがって元金は少しずつ減ることになり、途中退去時には、大家が残元金を居住者に返還する。ただし次の居住者が貸付金を継承することで、仕組み自体は継続する形式とした。

（３）家賃低減基金

家賃低減基金は保証金方式の考え方を引き継ぐもので、内装費相当分の約44％を大家が居住者から預かり、

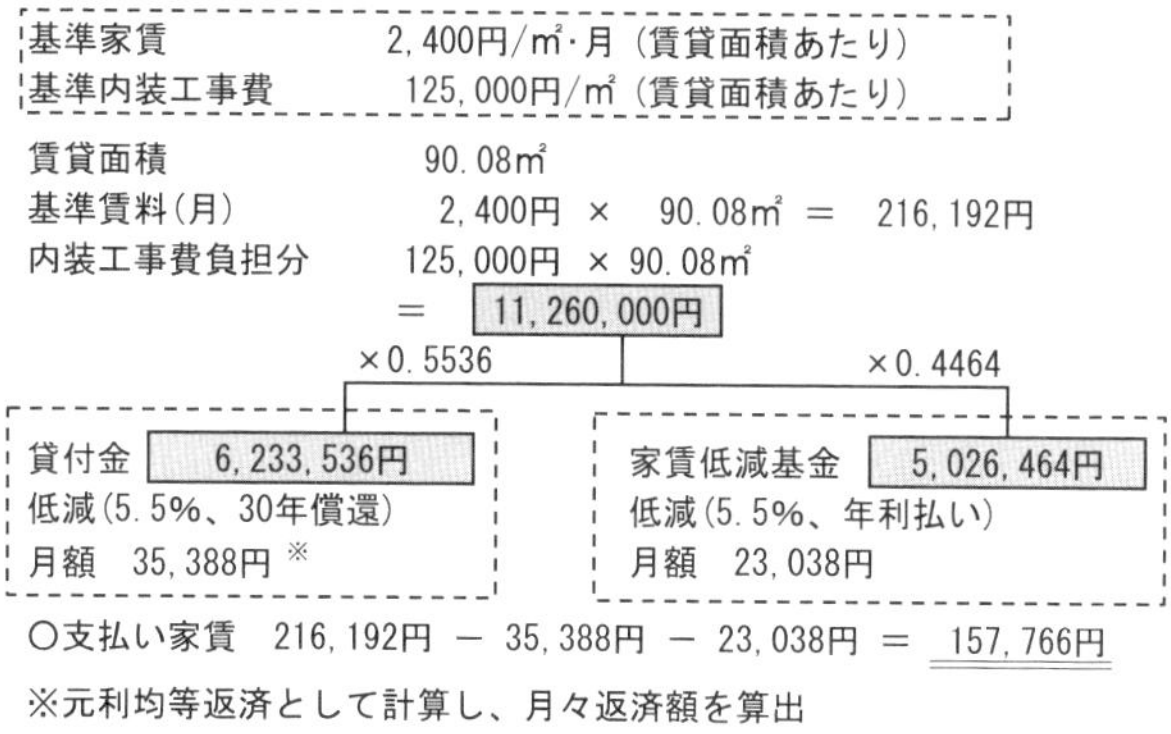

図5　90㎡住戸での家賃低減システム

一括して運用することによって年利5・5%相当分を毎月居住者に還元していく（**図5**）。よって元金は減ることなく退去時には返ってくる。

また、大家による5・5%の運用方法であるが、元金保全が最も重要なことであるから、利回りが高いものを考えた場合、保険会社の商品の1つである「一時払い保険」が最適で、当時5・5%運用が可能であった。これは、契約した時点での金利運用益が得られるため、その時点の金利より下がっていても問題なく運用される予定であった。

（4）家賃改定のルール

あるじゅでは、何十年も先の社会状況の見当が付かないので、家賃に関して当面10年間の改定方法を定めている。それによると、家賃改定は2年ごとに行われ、その改定額は、改定の前年度に発表される東京都の消費者物価増減率を使い、過去5年分の最高、最低を除いた3カ年の平均値を2年間分とするものである（**図6**）。経済変動が著しく上記による算出金額が社会状況に見合わない場合は、相互扶助・共生の理念に基づき事前に話し合い協議することになっている。また、10年目以降の改定方法については、建物の消耗、専用部分の管理状態、補修の必要性を考慮し、双方で協議して決める。

年	消費者物価の増減率
1986年	0.9%
1987年	0.4%
1988年	1.0%
1989年	2.7%
1990年	3.0%

0.4%：最小値カット
3.0%：最大値カット

■1991年の改定例

$$\frac{(0.9+1.0+2.7)}{3} \times 2 = 3.1\%$$

図６　家賃改定のルール

5　新しい住まい方の提起

都市の中で豊かなくらしを願う生活者と土地活用・資産維持に悩む土地所有者とをつなぎ、両者が手を携えることを実現した賃貸型コーポラティブハウス、その実現のためには二つの目標を立てた。

第一に、土地を利潤追求の道具としてみる価値観から解き放し、土地所有者と住み手が互いにパートナーとなり、地価を反映させない住宅経営と住み手本位・住み手参加の住まいづくりを実現していくこと。すなわち、地主と住み手のパートナーシップのデザインである。

第二に、建設時から住み手集団をつくり、集合して住み合う楽しさを膨らませ、より良いコミュニティづくりの実現を図ること。これは、小さな住居集団の仕組みのデザインである。

参加型の住まいづくりでは、住み手とつくり手の相互の関わり合いや対話のなかで互いに新しい発見をし、時に思いがけない形態や住まい方を見出していくなど、おのずと個性の創出される住まいとなる。さらに都市居住での共通の課題（例えば、子育て、老後の生活、余暇利用等）を共有化し、集まって住むメリットを最大限に生かす「協同生活」観を浸透させ、豊かな地域コミュニティの創造を実現することが大きな目標となった。

建物完成を目前にして、入居者と地主が建物管理を共同で行うだけでなく、より良いコミュニティづくりを目指し、相互扶助や相互交流を続けていくことを目的として、自主的な「管理・自治組合」

が設立された。組合規約には「それぞれの協力と共同によって各戸の暮らし良い豊かな住まいの実現と良好なコミュニティづくり」と「新しい形態の集合住宅・コミュニティコーポ」づくりに努力すること、さらに「あるじゅ」の所有者・居住者の共同の利益を守ることが明記されている。

「あるじゅ」では、〝べからず集〟の規約づくりではなく、自分たちの住み合う思いを憲章として定めることが検討された。竣工パーティの席で発表された、独自のメロディに乗せた次のような「詩」がそれを象徴した（**図7**）。

表3　所有型コーポラティブハウスと賃貸型コーポラティブハウスの違い

	所有型 コーポラティブハウス	賃貸型 コーポラティブハウス （あるじゅの場合）
長所	＊取得費のローンを完済すれば、老後は安心して住むことが可能 ＊売買・相続が、区分所有マンション同様に可能	＊高い土地を取得する必要がない ＊取得費の２割程度を大家に貸付け、銀行よりも高い利息相当を家賃に反映する
短所	＊建設時に過大な費用または借入れが必要	＊老後もずっと家賃を払い続けなければならない

あるじゅの詩

あるじゅは家族
地球の上でめぐり合い
ここに集い ここに暮らす

あるじゅは家族
ひとつの喜びふくらませ
ひとりの悲しみわかちあう

あるじゅは家族
川風が子らを鍛え
木々はみどり豊かに育つ

あるじゅは家族
みな生まれながらにして自由
ひとりひとりを認め合い
力を合わせてここに暮らす

図7　竣工式に披露されたあるじゅの詩

完成した「あるじゅ」は、所有権型コーポラティブハウスと同様に、広さ、間取り、設備等、居住者に合わせて完全な自由設計を行っている。ここでいくつかの住戸の参加動機とできあがった住まいを紹介する（**図8、9**）。

図8　平面図

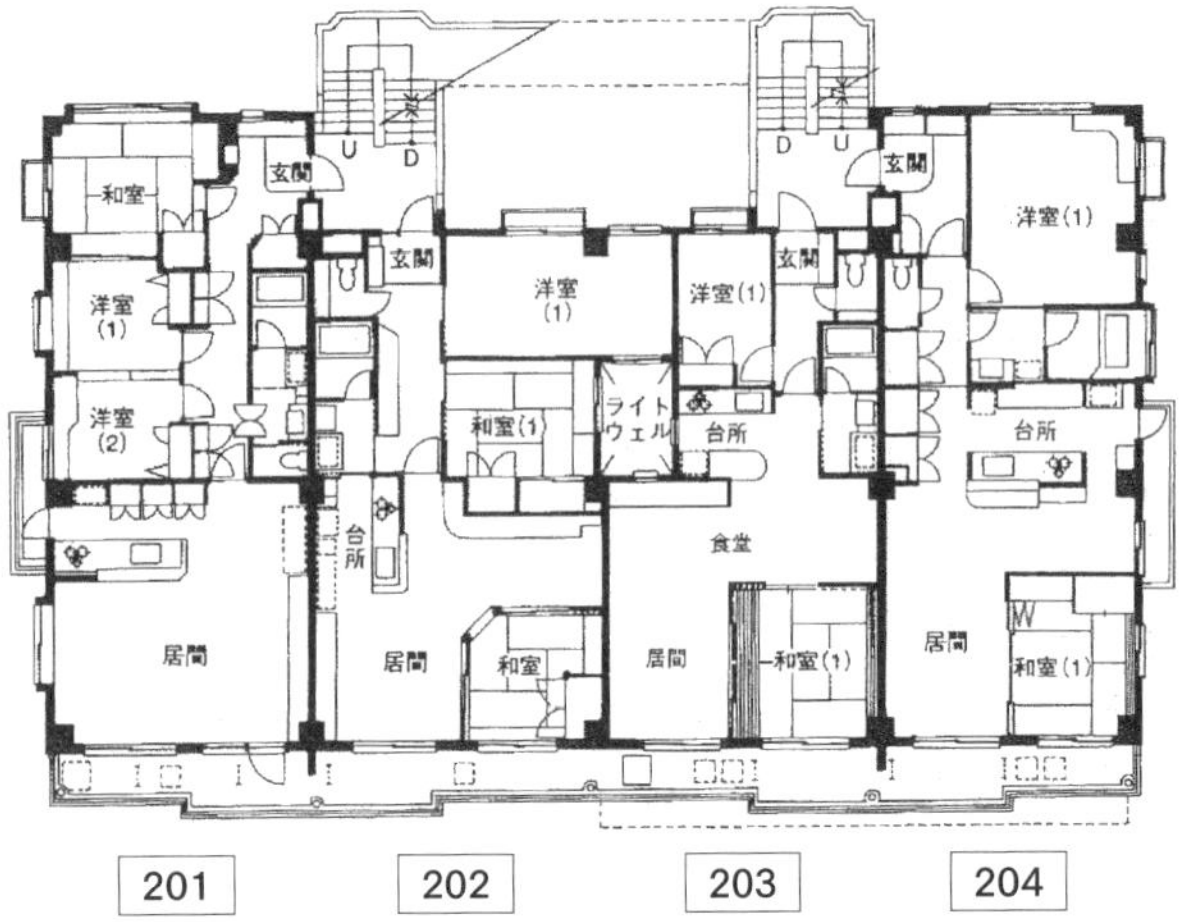

2階平面図

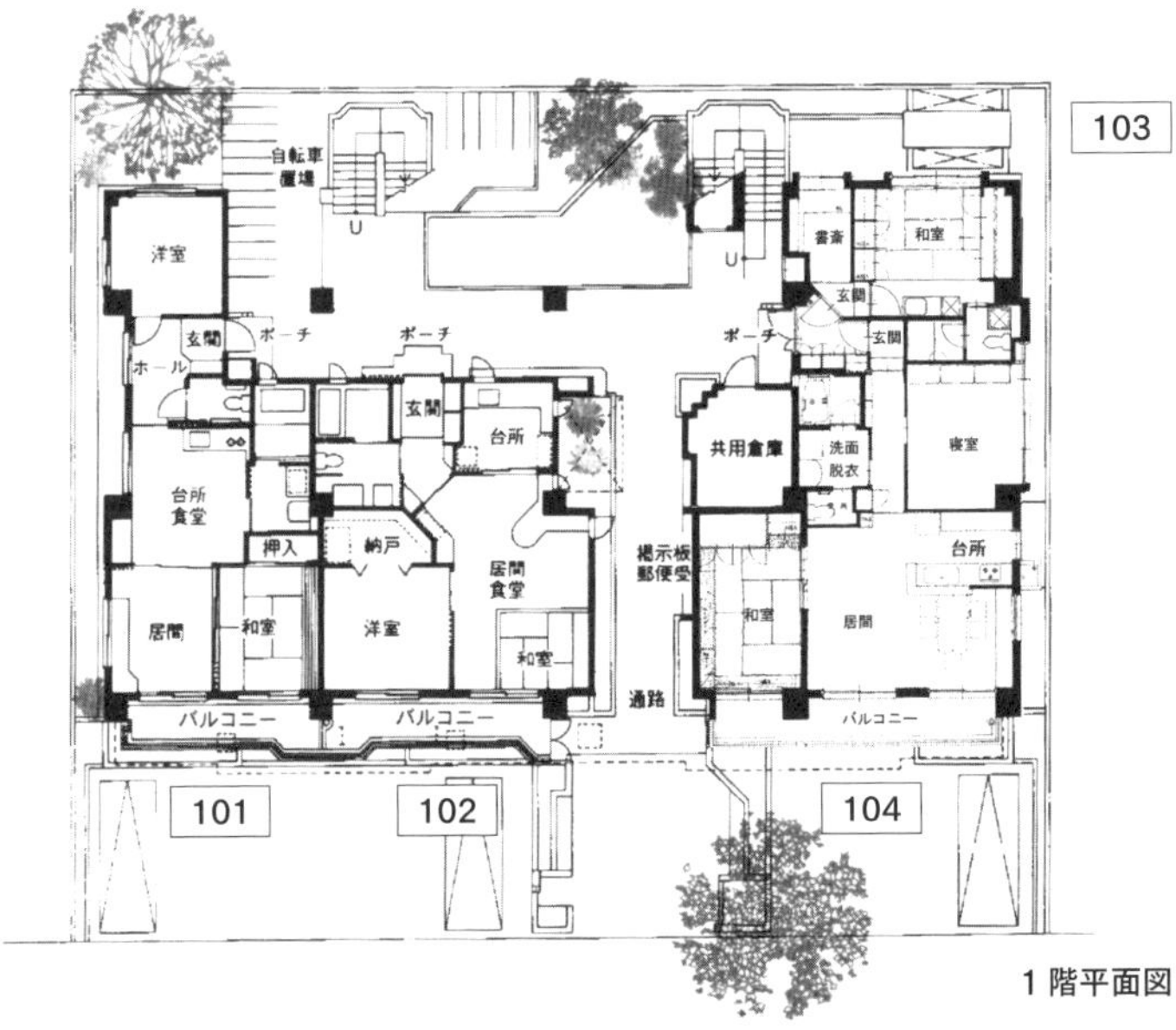

1階平面図

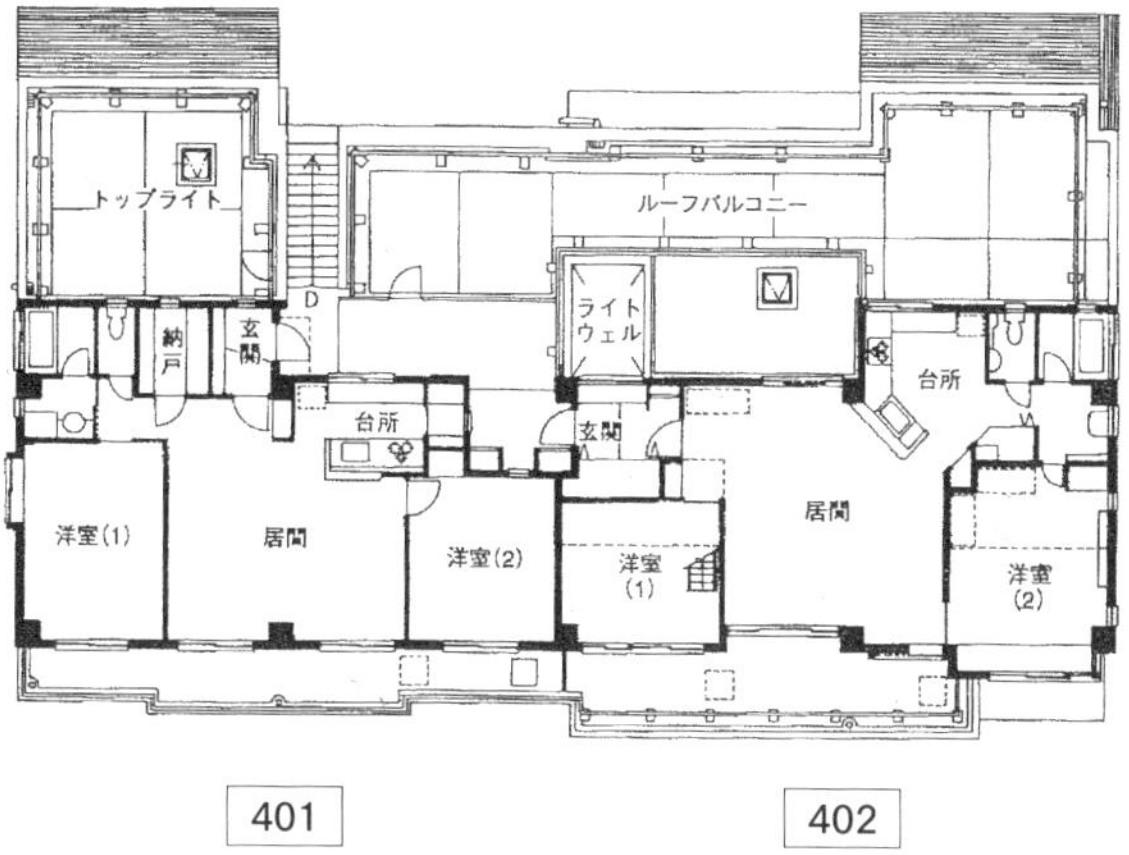
トップライト
ルーフバルコニー
納戸
玄関
台所
洋室(1)
居間
洋室(2)
ライトウェル
玄関
洋室(1)
居間
台所
洋室(2)
401
402

4階平面図

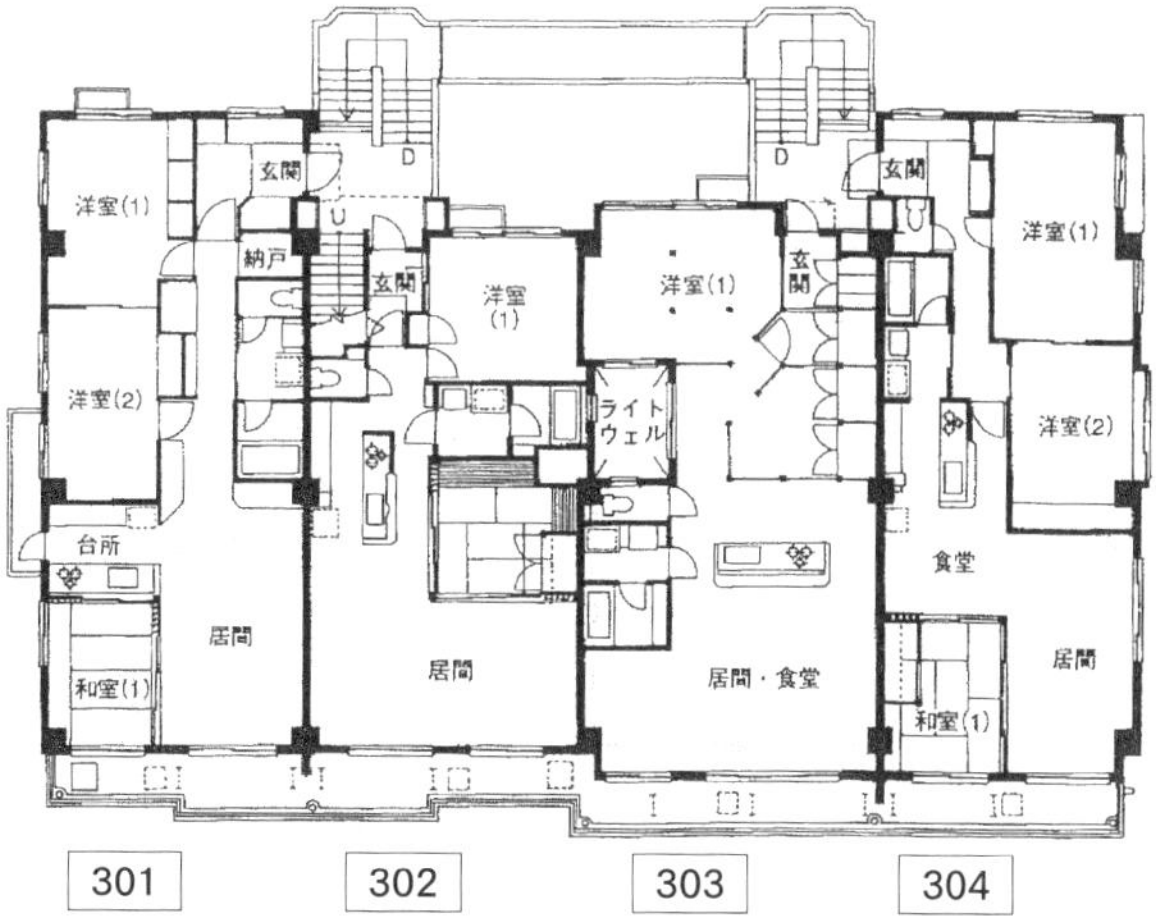
玄関
洋室(1)
納戸
洋室(2)
台所
居間
和室(1)
玄関
洋室(1)
居間
洋室(1)
玄関
ライトウェル
居間・食堂
玄関
洋室(1)
洋室(2)
食堂
居間
和室(1)
301
302
303
304

3階平面図

Aさん 65.97㎡

参加動機

＊以前は車いす専用の都営住宅に住んでいたが、いろいろ不自由があった。

＊車いす生活なので、風呂など個別設計ができるところが気に入った。

住戸の設計

＊キッチンなど水回りの下に車いすの足が入るように設計した。

＊広い脱衣室から浴室洗い場に体を移し、浴槽にはいざって入れるよう設計した。

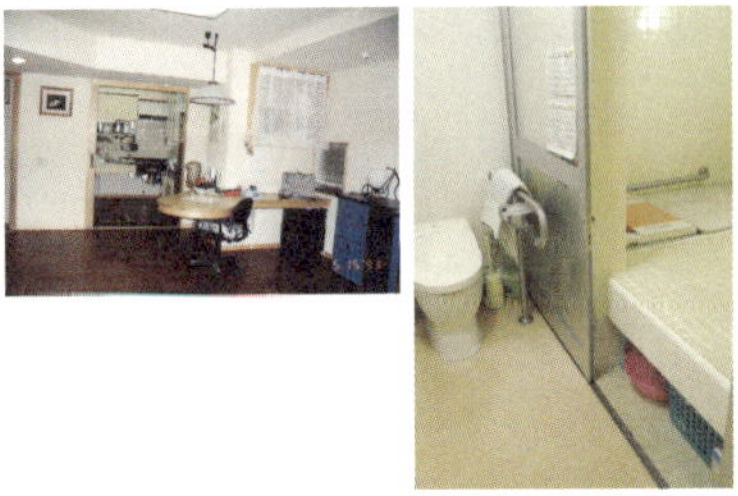

Bさん 83.68㎡

参加動機

＊彫刻の仕事をしていて、住戸内をセルフを含め自由に設計できる。

＊タイミング的には、参加者募集の最終盤で抜けた人の代わりに入った。

住戸の設計

＊縁側のイメージを大切にして、開放的な住まいづくりを目指した。

＊間仕切は、杉板の落とし込み方式で子どもの成長に合わせ間取りが変えられる。

Cさん 67.40㎡

参加動機

＊以前は民間賃貸アパートに住んでいて、不自由していた。

＊車いす生活なので、普通の住宅では水回りなどが不便であり、自由に設計ができるので参加した。

住戸の設計

＊車いすではあるが、腕力を使いリハビリにもなるよう出来るだけ健常に近い設計をした。

Dさん 91.78㎡

参加動機

＊以前は代官山アパートに住んでいて親密なコミュニティがあった。

＊賃貸でコーポラティブという新しい形に可能性を感じた。

住戸の設計

＊３間×３間のLDを中心に、台所から家全体の雰囲気を感じられる設計とした。

図９　住戸紹介

第三章　賃貸システム改変の変遷

1　コミュニティのある暮らし

あるじゅでの入居が始まると、管理・自治組合の中で、原則全員出席で毎月1回総会を行うようになった。たとえ夫婦でも意見が同じとは限らないため、夫婦が揃って出席することが前提で、大家を含めると30人に達する会もある。その月総会では、日常の清掃やイベント、暮らし方のこと、あるいは家賃のことなど、あるじゅでの生活に関するあらゆることが話し合われている。

特に入居当初は、子どもが小中学生ぐらいの世代の方が多く、子どものための行事などを数多く企画し実行している。年中行事になっているものだけでも、**表4**のように多数あり、大人も子どもも集住の暮らしを楽しむことができる。これらの大きなイベントには毎回ほぼ全員が参加し、事前の準備が楽しかったり面白いといった声が聞かれる。

また日常生活のなかで、とりわけ3階は「続きバルコ

写真4　毎年一回行われる象地域設計とのソフトボール大会

●あるじゅ　大家・居住者調査 実施年：2015年2月（竣工22年目） 対　象：大家＋居住者14世帯 内　容：アンケート調査票を配布・回収し、その内容を含め全戸ヒアリング調査 回答率：100%

表4　あるじゅ年中イベント。他にも様々なイベントが行われた

1月	新年会（カラオケ大会）
2月	
3月	花見
4月	
5月	周年イベント（毎年ではない）
6月	
7月	柴又花火見物
8月	松之山ホタル狩り
9月	お月見の会
10月	ソフトボール大会
11月	
12月	クリスマス会･餅つき

写真5　続きバルコニーで犬を飼う子ども

ニー」を使って活発なコミュニティ活動が行われた（後に、他の階へも波及した）。洗濯物の取り込み、子どもの行き来、鍵を忘れた時に隣から入る、お裾分け、飲み会の誘いなどさまざまな機能をもつことになった。また、続きバルコニーで犬を飼っていた時期があった。あるじゅ全体で面倒をみることにしたため、子どもたちが行き来し、散歩に連れて行ったりした。続きバルコニー以外でも顔を合わせればなんらかのコミュニケーションが生まれ、ときには学童保育的な場になったりと、子どもがあちこちの住戸をのびのびと遊び回っている。

さらにあるじゅでは、内部のコミュニティだけでなく、地域へも開いたコミュニティづくりを目指してきた。イベントを中庭で行う際、まわりにも迷惑をかけかねないため、事前にお誘いして参加を促したり、友人を招いたり、さらには子どもたちも友だちをイベントに誘ったり、と分け隔てなく、あるじゅのコミュニティを外へ開いていった。また、個々人のネットワークがこのあるじゅに持ち込まれ、そのつながりがさらに拡がりをみせるようになる。これらのことから、あるじゅの良さを理解してくれる人が増え、後にあるじゅで空き住戸が出た時の入居につながったこともあった。

2　退去者への対応から「しくみの会」の発足

１９９３年の竣工後、バブル崩壊による経済状況の激変により、当初考えていた家賃改定ルールが当てはまらないような状況に陥った。バブル崩壊後の不動産市況の下落により、周辺の賃貸住宅相場が下がると、相対的にあるじゅの家賃は高く感じられるようになった（坪単価は決して高くないが住戸面積が大きいため、掛け算をすると高家賃になってしまう）。

住み続けられる仕組みを目指して

象のコーディネートのもと、大家Sさんと入居者のそれぞれの思いに始まったこのあるじゅの事業。8年をこえる年月の中で私達がつちかってきたのは、あるじゅのコミュニティと、このコミュニティを大切にし、維持していきたいと願う私達の気持ちそのものだと思います。

私達のうちの一戸も欠けることなく住み続けられること。そして、大家さんが無事に借金を返済し、当初の人生設計を成就できること。この二つはどちらか一方で成り立つものではありません。

私達と大家さんの間に築き上げた信頼関係を保ち、更に深める努力を忘れることなく、大家さんと私達の双方がともに納得のいく仕組みに発展させられるよう、この会をすすめていきましょう。

図10　第一回しくみの会資料から

そして竣工3年目に、経済上の理由で退去する方が出てしまい、新入居者を探すことに非常に苦労した。その理由は、割高感を与えることになった家賃が一番の原因であった。これ以降、家賃を下げる方策について、大家と居住者で知恵を振り絞る日々が続いた。このため、「あるじゅ」の居住者と大家は、計画時に行き着いた【共生】の精神で、『あるじゅの仕組みを考える会（以下、しくみの会）』を立ち上げ、居住者が住み続けられることと大家の賃貸収支計画が破綻しないことを両立させる話し合いを継続的に開催した（**図10**）。しくみの会は、竣工8年目の２００１年から始まり、断続的に30回ほど重ね、現在も必要に応じて行っている。

あるじゅでは、この23年間で3世帯の退去者が出た。2〜3年目に当初2世帯住宅として2戸を賃借していた方が、まず2住戸を分離して片方に住むことにしたが、1年後には完全退去となり、結果として1世帯が抜けて新たな2世帯が入居した（**図11**）。

また10年目には１００㎡の大型住戸の方が退去した。しばらく１００㎡のままで新入居者の募集を行ったが、家賃が20万円にもなり、なかなか見つからなかった。子ども１人を含む３人家族が関心を示して、１００㎡住戸を70㎡と26㎡に分け26㎡住戸は単身の方を見つけることができた（**図12**）。

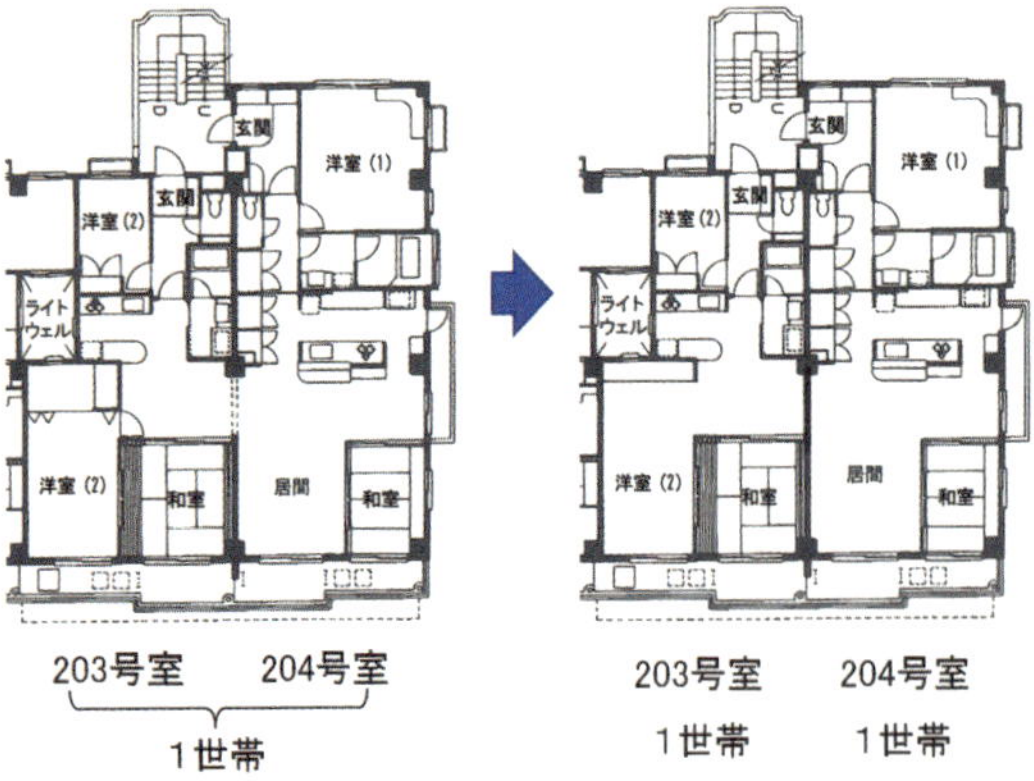

図11　2階の居住者交代

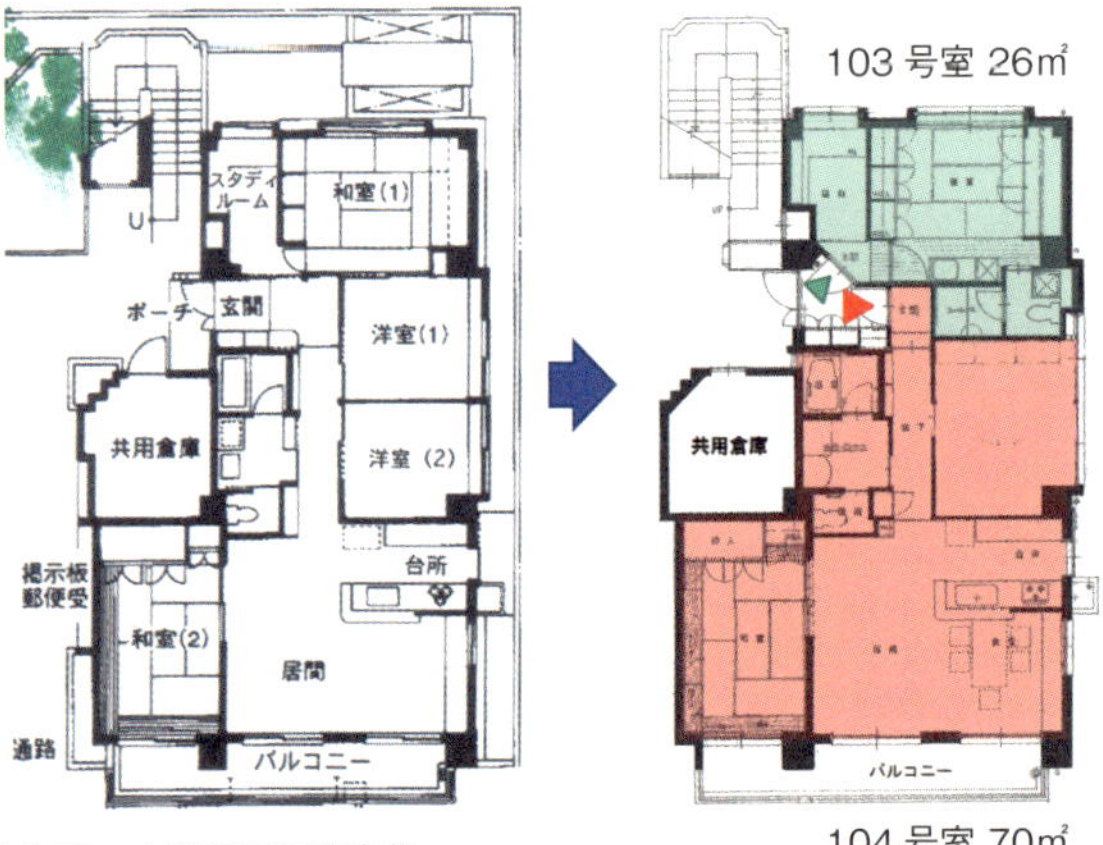

図12　1階の居住者交代

3　居住者主体による賃貸システム改変の変遷

銀行借入金の借り換え

建設当初、住宅金融公庫からは、返済期間30年間の固定金利7・0％で借入れをした。それに加えて東京都からの3・0％分の利子補給制度を利用することができ、実質的には4・0％で借入をしていた。しかしながら、バブル崩壊後の右肩下がりの時代には、金利は下がる一方で、竣工後6年目に「借り換え」を検討した。金利が4・0％から2・5％に下がることで、月々の返済額は減少し、それに伴い基準家賃を13・4％下げることができた（**図13**）。しかしながら、借り換えにあたってはいくつか課題があり、それらを慎重に検討した。

1つめは、東京都の利子補給制度で、30年返済を固定金利で行うことを条件に付加してもらった制度であったため、借り換えを行うことは利子補給制度という有利な制度も止めることになった。

2つめは、固定金利から変動金利への移行に伴い、変動金利では将来的な金利上昇のリスクもあったが、金利上昇時には、家賃を上げて対応することに居住者も合意した。

貸付金のシステムの変更

銀行借り入れは、借り換えをして金利が下がり返済額も下がったが、大家が居住者から借りている貸付金の家賃低減に充てている金利相当分が5・5％のままだと、市況に合わなく大家が苦しくなる。このため銀行借り換えと同様に、居住者からの貸付金の金利相当分を5・5％から3・0％へと見直すことにした（図14）。

家賃低減基金のシステムの終了

居住者にとっては、元金が保全され銀行に預ける金利よりも高い利息を家賃の低減に利用できるこのシステムは、大きなメリットであった。あるじゅスタート時に、大家が入った生命保険の一時払い養老保険は、15年以上預ければ利息が金利5・5％以上を見込めたが、これは解約金と配当金を併せたものであり、21世紀に入った頃には配当金は望めない社会状況になっていた。そこで、２００８年の家賃改定時に、20年満期以降にこのシステムを継続することが困難なため、20年時に預かった元金を各居住者に返還し、家賃低減基金を終了させることにした。

２００８年貸付金システムの新設

２００１年に始まった「しくみの会」では、家賃をどうすれば下げることができるかを検討していた。この間も、あるじゅの家賃は周辺に比べて割高感を呈する状況が続いていた。さまざまな検討のなかで実行されたのが、「２００８年貸付金」システムの新設である。居住者がまとまった金額を再度大家に貸し付け、それを使って銀行残債を減らすことを試みた。もちろん強制ではなく任意で行うことにして、それぞれが出せる範囲で、一世帯あたり２００〜１５００万円を拠出した。これにより大家は、６６００万円分を一括返済し、残元金を減らすこと等で、家賃低減が実現できた。

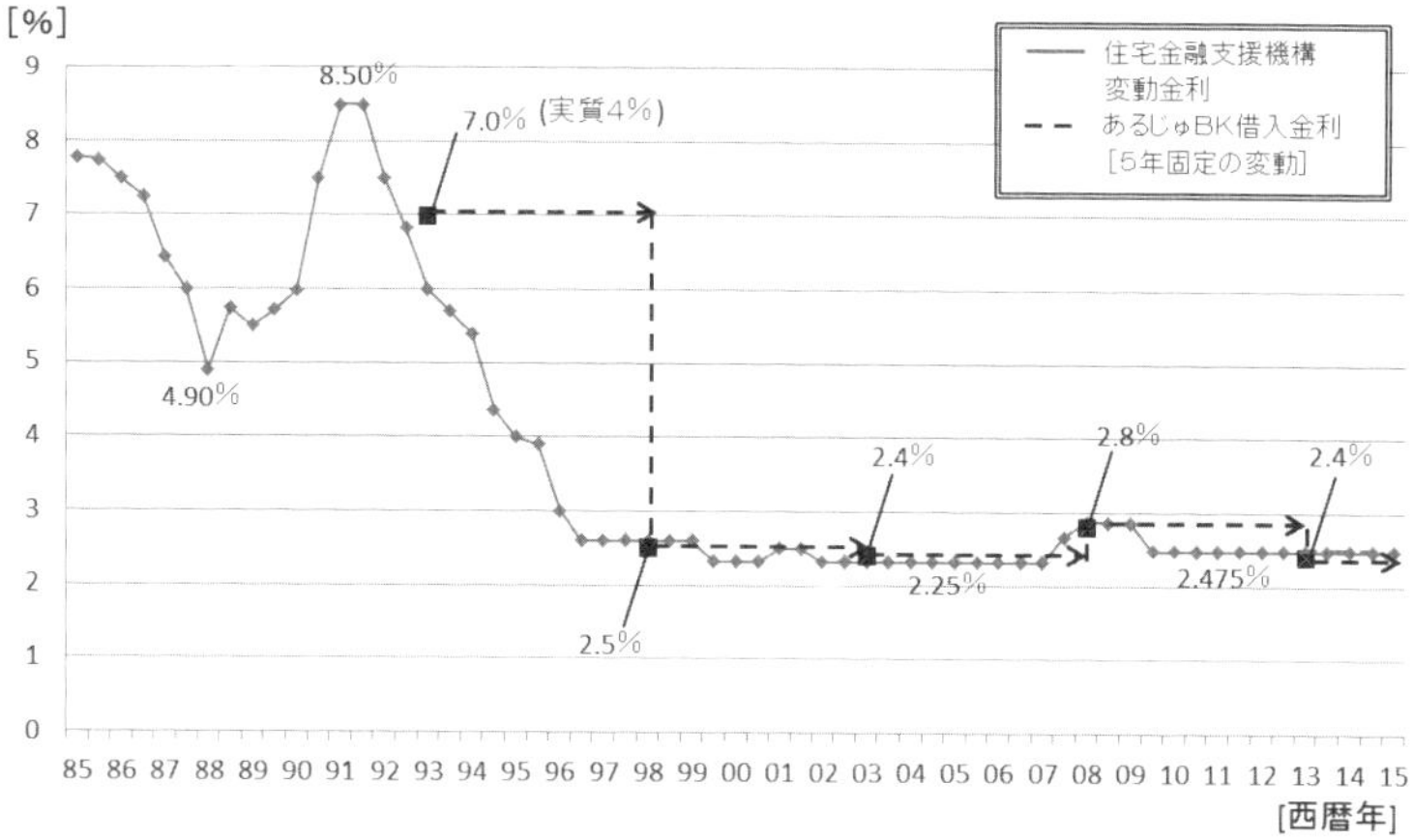

図 13　住宅金融支援機構の住宅ローン金利とあるじゅの銀行借入れ金利の変遷 (4)

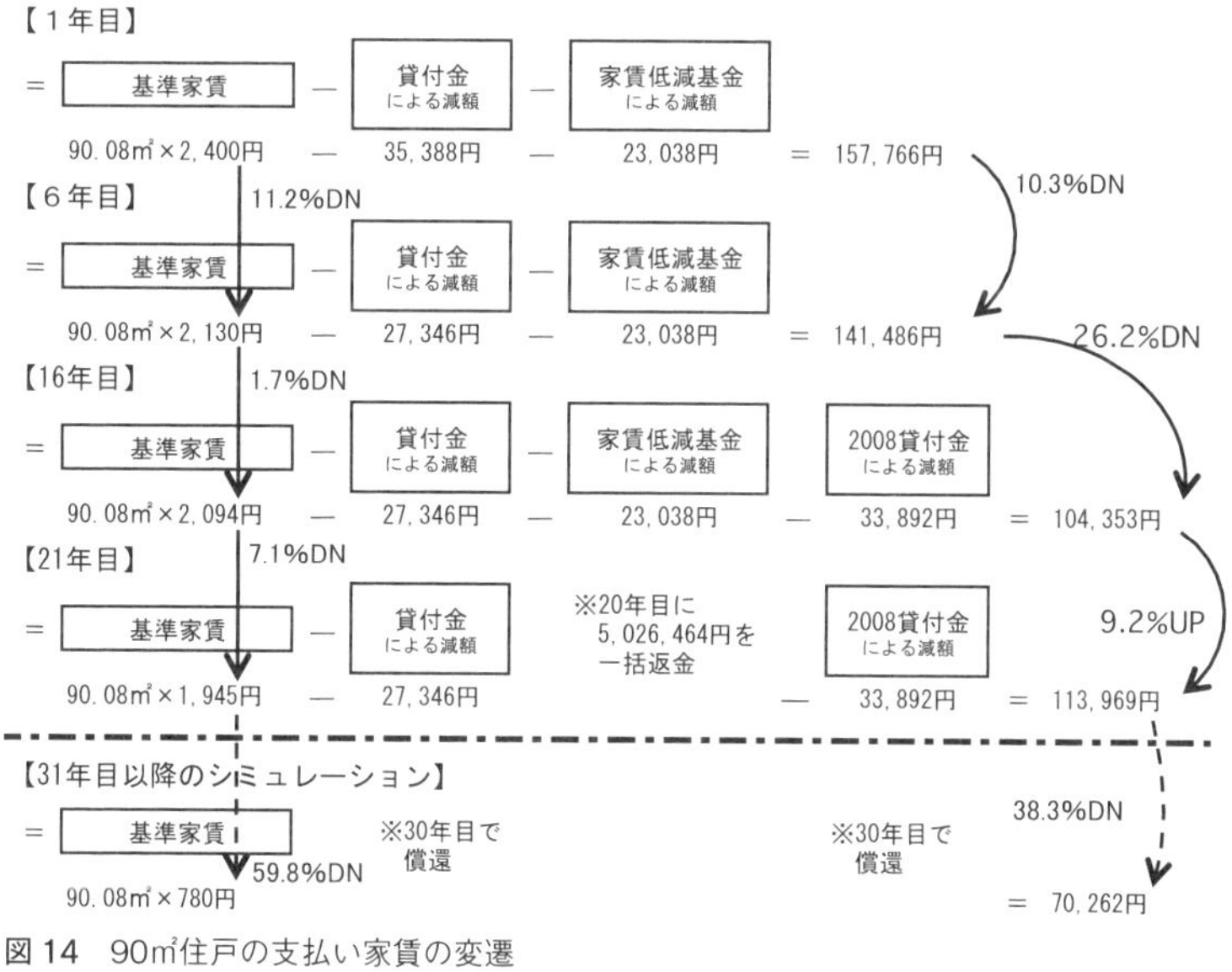

図 14　90㎡住戸の支払い家賃の変遷

表5　あるじゅ竣工後のできごと

築年	年	さまざまな出来事
0	1993年	＊ あるじゅに12世帯が入居。竣工パーティ。
1	1994年	＊ 204号室にOさん入居。
2	1995年	＊ 第1回家賃改定により、1.9%の家賃値上げ。
3	1996年	＊ 203号室にIさん入居。
4	1997年	＊ 第2回家賃改定、そのまま据え置き ＊ みんなでベランダ手摺りのペンキ塗り
5	1998年	＊ 銀行借入金を借り換え、家賃を13%低減。以降5年ごとの変動金利へ。
6	2001年	＊ あるじゅのしくみを考える会発足。以降断続的に継続。
9	2002年	＊ 101号室100㎡住戸の退去後、分割し、70㎡Tさん、26㎡Mさんが入居
11	2004年	＊ 5年固定金利の再設定で、家賃2%ダウン。 ＊ 大規模修繕工事で外装・防水工事等を実施。
15	2008年	＊ 大家さんの銀行借入金の借り換えに伴い、2008貸付金を任意で実施。
18	2011年	＊ 401号室にKさんが入居。
19	2012年	＊ 30年目以降の将来計画を検討し、住み続けられる家賃見通しができた。 ＊ 入居以来の住戸内結露・カビ対策工事を実施。

将来の家賃について

２００８年貸付金の実行により一段落していた「しくみの会」は、あるじゅ18年目に、20年の節目を2年後に控えた時期から再開した。20年目には、家賃低減基金が終わってしまうため、支払い家賃としては増えることになる。

また、大家の銀行返済等が終了する30年目以降の家賃はどの程度になるのか、居住者も概ね定年を迎えつつあり、定年後も安心して住み続けられるのか、不安に思う方も出てきていた。

そこで、一連の借入返済が終わった後の家賃設定について、あるじゅの建物を50年以上保たせるための長期修繕計画を作成したうえで試算をした。これらの適切な修繕を行う前提で試算したところ、31年目以降の基準家賃は、概ね現在の半額くらいにはできそうである、という結果が得られた。この試算により、31年目以降も住み続けられるという安心感を持てるようになった。

第四章　あるじゅで育った第2世代の住まい観

1　あるじゅ生活の感じ方

イベント等への参加

コミュニティコーポあるじゅは、賃貸型でありながらも、所有型と同様、コミュニティを大切にする土壌が建設段階から育まれた。その精神は、竣工後の暮らしのなかのあらゆる場面で表れており、とりわけ居住者どうしが子育てを共に助け合いながら、さまざまなイベントを行ってきた。

写真6　子どもたちでパンケーキ作り

●あるじゅ 第2世代調査

実施年：2015年12月（竣工23年目）
調査方法：アンケート調査
対　象：あるじゅで育った第2世代（20歳～41歳）22名に調査票を配布、16名から回答
回答率：72%

写真7　続きバルコニーでおままごと

竣工23年目に実施した第二世代へのアンケートでは、ほとんど全員がこれらのイベントに参加し、楽しい思い出として語っている。ただ、「人付き合いが得意でないので、あまり参加しなかった」という回答があったことからも、すべての人が楽しく参加していたわけではないことも伺える。

また、これらのイベントに参加しなくなった時期については、「高校生以降」という回答が多く、中学生までは、自分の友だちを連れてきたりしながら、楽しく参加していたようだ。また、現在も参加していると答えた人が半数にも及び、すべてではないが、気に入っているイベントに参加している人も多いようだ。

一般的に中学生くらいになると、親と一緒に行動をしなくなることが多いが、あるじゅでは、中学生でも自分の親も含めた大人世代との関わりが続いている。これは、コミュニティがあるじゅ内に留まらず、友人を誘って参加することを積極的に受け入れ、開かれたコミュニティづくりを目指しているからである。

日常の付き合い

あるじゅはバルコニーの隔て板がない状態（階や時期に違いがある）であり、他家への訪問がしやすく、バルコニーを使った日常コミュニティが活発に行われている。第二世代も、日常生活で「続きバルコニー」は頻繁に使っていたようだ。大人は他人のバルコニーを通る時には、ひとこと声を掛けて通っているが、子どもやペットは気軽に行き来していた。このようなことから、よく訪問する他人の家の数は、「あるじゅ内に4〜6軒ほどある」という回答がもっとも多く、その理由を示すものとして、同世代の子ども以上に、親世代の大人に用があって訪問していたとの回答がある（**表6**）。

このような付き合いについては、「たいへん楽しかった」という回答が圧倒的に多く、続きバルコニーへの評価についても、「自分も含めて行き来ができて便利であり、コミュニケーションに役立った」「バルコニーに仕切がないのが不思議だったが、近所付き合いが深まることを実感した」という積極的な評価が多く見られた。ただ、「プライバシーがなく、とまどったこともあった」との回答があり、このような場合もあるじゅ内でフォローがされているようだ。

表6　第二世代の他家への訪問回数とその理由

よく訪問したり、訪問されたりした軒数	回答	その理由	回答
1軒	1	同世代の友達	11
2～3軒	4	大人との交流	13
4～6軒	8	その他	0
7～9軒	3		

2　あるじゅで育ったことと「自分形成」に与えた影響

職業・専門分野の選択での影響

あるじゅの親世代たちは、成立過程の経緯などから、多ジャンルの職業の方が集まった。特に、対人相手で専門職として技能やサービスを提供するような職業の方が多く、そのような能力が、あるじゅの日常生活のなかで、あるいはイベントの時などに発揮され、他人からもどんな仕事をしている人なのかが見えやすい環境にある（**図15**）。

職業選択時に、あるじゅでの経験が影響したかどうかという設問では、「好きなことをして働こうと思う気持ちは影響があったと思う」「転職を数回経て現職に至るまでコミュニケーションが軸の業種・職種を選んでいる」「人と関わるのが楽しく好きになった。将来子どもと関わる仕事がしたいと思うようになった」といった回答があり、また「まず隣

無農薬野菜の販売、英会話教室、自治体職員、彫刻家、保育士、音楽家、日本画家、看護士、板金工、福祉職、税理士、証券会社、建築設計、画家、会社員

図15　親世代の職業

介護士、保育士、ＩＴプログラマー、営業職、水族館飼育係、建築設計、映画監督、福祉職、パッケージデザイナー
【大学での専門】
農業・生態系、哲学、心理学

図16　第二世代の職業

に暮らす人を疑わずに生きられたということは根本的に人を信じられるという素地を作ってくれたと思う。それは作品にも影響した」と回答した映画監督もいた。あるじゅでのさまざまな人間交流のなかで、自分の生きる道に大きな影響を受けていることがわかる。

またヒアリング調査では、あるじゅ内でイラストレーターとして自宅で仕事をしている方の家によく遊びに行き、プロとして生きていきづらい職業でもやっていける例を身近で感じることができ、自分もデザイナーを目指す夢を持ち続けることができた、と語った人もいた。

このように、さまざまな職業の様子を子どもの頃から見聞きできる住環境で育ったことで、職業選択や大学で専門分野を見出す時に、あるじゅの親世代と同様に、自分の生きる道を見出し、その道をしっかり歩んでいる人が多く見受けられる（**図16**）。

自分形成における影響

あるじゅで育ったことが、今の自分形成に影響があるかどうかの設問に対しては、全員から「大なり小なり影響があった」との回答を得た。「親や身近な人を大切に思うようになった」「人付き合いが苦手でも好きだと思えるのはあるじゅで育った環境が影響していると思う」といった回答があった。さまざまな生き方をしている親世代の背中を見て育った経験が、いろんな考え方を知り、視野が広が

ることで、自分の生き方や人生の方向性を定めることにあるじゅ全体が大きな影響を及ぼし、全人教育的な役割を果たしていることが伺える。

3　今後のあるじゅを含めた住まい観

暮らしたい住環境

あるじゅで育った第2世代の子どもたちは、すでに30歳を超えて、就職や結婚などであるじゅを離れた子も増えている。その第2世代が、今後のあるじゅを、また今後の自分の住まい観をどのように考えているのかについて聞いてみた。

今後の住まいについて、「あるじゅに住みたい」と回答したのは1人と少なかったが、それは、まだ親世代が健在で空き住戸がなく、2世帯住宅にするには自分たち家族が住む余裕がないため現実的に無理と考えた方が多かったからであろう。比較的多かったのは、「あるじゅ以外であるじゅのようなコミュニティのある環境に住みたい」という回答であり、実際に別のところで新たなコミュニティ作りにチャレンジしている人もいる。あるじゅでの積極的なコミュニティを肯定的に評価し、それが住まいに必要であると判断した結果であろう。

「自分も住んでいるので、イベント等を継続していきたい」「第2世代があるじゅを離れ、イベントが減りさびしい」「月総会に第2世代も参加しなければ、と思うがなかなか難しい」といった意見が、結婚や子育てをしている女性からあった。自分が親となり子育てを経験すると、あるじゅのように大

【①住民間交流の居心地の良さ】
＊人付き合いでよそよそしさが無く、とても気楽。
＊もう一つの家族のような存在で安心できた。

【②人付き合いを学べた】
＊人付き合いが苦手でもシェアハウス、留学で、人の中に入っていく人間性を得られたのは、あるじゅで育った事に起因している。
＊多感な時期に多くの大人と接して価値観の根底ができた。今自分以外の子どもに積極的に関われている。
＊人の繋がりの大切さを学べた。良い事ばかりでなく嫌な部分も見てきた。相談や愚痴を言ったりして、言いたい事を伝えられる仲。長い年月を経て作り上げてきた関係。
＊新たなコミュニティ作りに関わっており、あるじゅでの経験が活きている。

【③コミュニティ・助け合う大切さ】
＊結婚しあるじゅを離れて、改めてあるじゅの良さがわかった。
＊困った時は助け合う精神が身に付き、震災時に痛感した。
＊賃貸アパートに住んで、隣にどんな人が住んでいるかわからず、さびしい。
＊それぞれの家庭には課題があり、それを自分たちの問題と考えられたこと。

【④あるじゅコミュニティの継続】
＊娘を産む時にみんなにサポートしてもらった。自分も住んでいるので、イベント等を継続していきたい。
＊第２世代があるじゅを離れ、イベントが減りさびしい。月総会に第２世代も参加しなければ、……なかなかむずかしい

【⑤プライバシーへの配慮】
＊濃密なコミュニティは良い事が多いが、プライバシーが無くなる場面がある。玄関前に縁側のような共用部を設定すれば、段階性が上手いくと思う。
＊仲良く暮らすことは大切だが、仲良しグループに入れない人も居たことを忘れてはいけない。

図 17　あるじゅで育った住環境への評価

人全体で子育てをしていた環境の大切さを実感しているのである。

あるじゅで育って

あるじゅで子ども時代を過ごして大人になった第2世代の人たちは、あるじゅでの暮らしについて高い評価をしている。「娘を産む時にみんなにサポートしてもらいたいへん感謝している」「結婚しあるじゅを離れて、改めてあるじゅの良さがわかった」「困った時は助け合う精神が身に付き、東日本大震災の時に岩手でこの大切さを痛感した」といった助け合いの部分の評価を聞くことができた。さらに、「仲良く暮らすことは大切だが、仲良しグループに入れない人もいたことを忘れてはいけない」「良いことばかりでなく嫌な部分も見てきたが、

困ったら誰かの家に行って、相談したり、愚痴をこぼしたりして解決しているのも見てきた。言いたいことを伝えられる仲は、長い年月を経て作り上げてきた関係だからこそだと思います」「それぞれの家庭には課題があり、それを他人でも自分たちの問題と考えられたことが大きかったと思います」といった、暮らしのなかでの泥臭い部分までをも見聞きし、積極的に住み合う集住文化への評価を垣間みることができる。

第五章　「あるじゅ」20年間の検証

1　大家から見た賃貸型コーポラティブハウス

大家の事業収支

賃貸収支事業として、大家の20年間の実収入は、結果として月35万円程度、年間では400万円を越える安定収入を確保することができた。これは、20年間の空室率が0・83％という低さによるものである。バブル崩壊後の賃貸住宅経営において、周辺で空室率20％程度の物件もあるなかでのこの数字に、大家は「空室が出た時に居住者が中心に探してくれて、たいへん助かった」と話している。

良好な維持管理

ヒアリング調査を通してみえてきたことは、あるじゅは、「我が家意識」からくる愛着をそれぞれの居住者が持っていることである。住戸内で修繕の必要な箇所が発生したならば自分の費用で修繕し、より良く利用してきた。また、住戸内だけでなく、共用部分の清掃を月に1度の交替制で行っていることで、建物は比較的良好な状態に保たれている。

建物全体としての大規模修繕工事を11年目に行い、防水や外壁など必要な修繕を行った。手すりの鉄部は5年おきに再塗装が必要になるが、居住者が協力して実施し、工事会社に依頼する費用を節約したこともある。このように、あるじゅは、住民の手で良好に維持管理されているのである。

相続税対策

あるじゅの賃貸事業は、銀行借入れと居住者借入れが存在するが、相続が発生した時にはどちらもマイナス資産として計上できるため、通常の賃貸住宅事業と同様に扱うことができる。現段階ではまだ相続は発生していないが、相続税対策としても有効であったといえる。

ともに育ちともに成長する

大家へのヒアリング調査で、この20年間を振り返りもっとも良かったことをたずねると、「『あるじゅに住んで良かった』と居住者に言ってもらえたこと」、という答えが返ってきた。同じ居住者としてあるじゅ内に住んでいる大家の息子さん家族が、他の居住者と同じ立場で、さまざまなことに参加してきた。その日常のなかで、子育てを協力し合い、喜怒哀楽をともにしたことが大家の喜びになっているのであろう。このような良好な人的環境の構築は、大家にとって大きなメリットである。

2　居住者から見た賃貸型コーポラティブハウス

コミュニティのある暮らし

一方、あるじゅ居住者のメリットについても挙げてみる。あるじゅは、居住者一人ひとりが、良いコミュニティを作ろうと意識してきた。諸々のイベントもその一環ではあるが、子どもの送迎や預かりなど、日常生活のなかで互いが協力して暮らしてきた。この日常的に助け合う関係が大きな魅力と言える。

また、途中入居の方から、あるじゅに入居を決めた理由として、2011年3月11日の東日本大震災がきっかけだったと聞いた。この方は単身の女性で、発災時、東京のマンションの12階にいて非常に怖い思いをし、その後しばらくひとりで住むことができなくなり、息子さんに来てもらった経験があったという。あるじゅ居住者である友人からの誘いを受けて、災害時に助け合える関係に魅力を感じあるじゅの入居を決めたそうだ。

「所有」か「賃貸」か

居住者は、あるじゅに住まいを設ける時点で、「所有」か「賃貸」のどちらが得かという葛藤に向き合うことになる。20年経った段階でのヒアリング調査で、全14世帯のうち5世帯が「賃貸で良かった」、8世帯から「老後も安心して住み続けられればどちらでも良い」との回答があった（**表7**）。賃貸に対して建設時に抱いていた不安は、住み続けられるよう賃貸システムを変化させるなかで払拭された、という発言がしくみの会の中でなされた（**図18**）。また、「大家の借金を自分たちが肩代わりして払ってきた」といった意見も聞かれ、まさに大家と居住者は運命共同体であるという意識を伺うことができる。

表7　ヒアリング結果（主な項目）

主な項目	発言内容（世帯数）［複数回答］
一番良かった事	人間関係(14)、子育て環境・成長(5)、広い住まい(4)
退去を考えた事	会社倒産(1)、住戸不具合(1)、意見が合わない(1)、親戚との同居(1)
住環境全般の評価	大満足(1)、概ね満足(11)、やや不満(2)、大変不満(0)
住み続けるかどうか	住み続けたい(11)、健康状態や家族状況により不明(3)
「所有」か「賃貸」か	賃貸(5)、どちらでも良い(8)、所有(1)

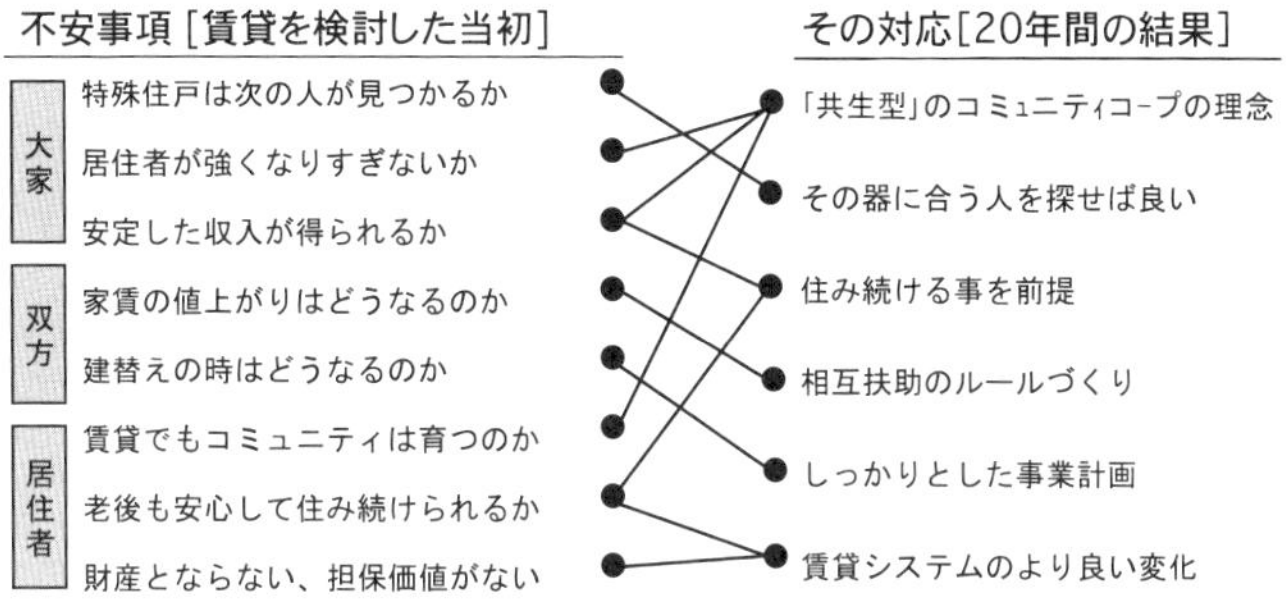

図18　不安事項とその対応

3　賃貸型コーポラティブハウスの課題

住戸計画と家賃

あるじゅの住戸面積は、生涯住むことができ、子どもが中高生になっても子育てに支障がない、いわばライフサイクルのなかでのびのび生活ができるレベルを目標にしていた。もっとも大きな住戸は100・74㎡であり、子どもがいる世帯は概ね80㎡〜90㎡、平均でも83㎡である。

一般に賃貸住宅経営では、70㎡を超える住戸は珍しく、ファミリー向け住宅でも60㎡台までが圧倒的に多い。子どもが巣立ち、空き部屋や物置部屋が多くなってくると、面積が大きいゆえ家賃の負担感が増している方が多い。しくみの会では、各住戸の面積にバリエーションがあれば、居住者同士がライフサイクルに合わせて住み替えをして、適切な広さと見合う家賃で住むことが出来たかもしれない、という意見が出された。

銀行返済等が終了した後［31年目］の入居者交代の考え方

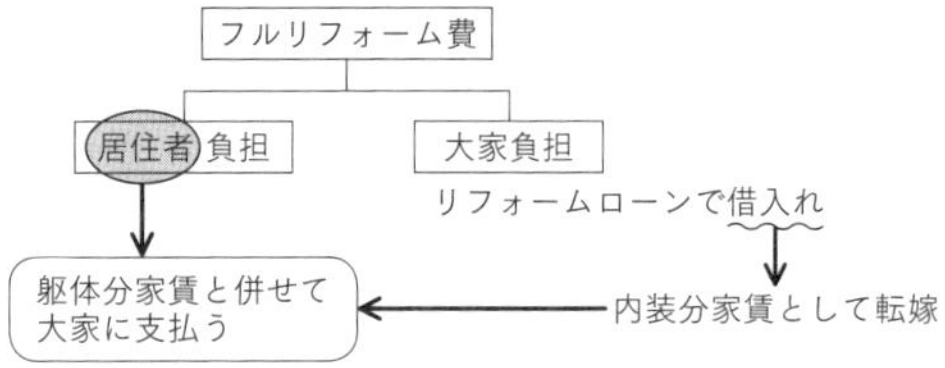

図19　フルリフォームの場合の考え方

スムーズな入退去の仕組み

あるじゅでは、この23年間に3世帯の退去者が出た。バブル崩壊後の経済状況の激変を考慮すると、3世帯は少ないとも言えるが、次の居住者を探すのにはかなり苦労した。誰でも良い訳ではないので、一般の不動産屋に依頼して居住者を探すことができず、居住者と大家、コーディネーターがそれぞれのつながりの中で、新居住者を探してきた。

今後、スムーズな入れ替わりを実現するためには、家賃が周辺相場と大きく掛け離れないようにすることが第一条件であるが、あるじゅの魅力である、コミュニティの良さや暮らしに合わせた自由な設計も挙げられる。

あるじゅ建設段階やしくみの会の中で、途中入居者も間取り、内装・設備を自由に一新できれば、新居住者を探しやすいといった意見が複数の方からあがった。これを実現するため、現在の大家の借入れを完済した31年目以降にはなるが、途中入居者がフルリフォームをする場合の考え方を提起する。リフォーム費用を居住者と大家が折半で負担し、大家負担分は、15年程度のリフォームローンで借入れ、そのローン返済分を内装家賃として、新居住者から躯体家賃に上乗せして設定する。躯体家賃はかなり下がっているため、それと併せて周辺相場と遜色なければ経済的なメリットも感じられ、自分のライフスタイルに合った暮らしが可能になると考えられる（**図19**）。

おわりに ―多様な住まい方への展開―

日本で初めての賃貸型コーポラティブハウスあるじゅについて、この20年間の経過を書きつづってきたが、あるじゅの魅力をひとことで言うと、それは「人」である。一つ屋根の下に暮らすことになった人と積極的に関わりを持ち、コミュニティづくりをしようとしている。その度合いは一人ひとり違うが、決して特殊な人の集まりではない。住まいの中で少しだけ他人を思いやり、よいコミュニティを作ろうと努力している人たちの集まりである。

現代社会では、人と人との関係を住まいに求めず、職場、趣味サークル、子どもの保育園つながり、ボランティア活動など、住まいの外でコミュニティを構築する人が多い。しかしながら、住まい、さらには地域の一員として役割を果たし、助け助けられる関係の中で、小さな共同体を形作っていくことは、「地域崩壊」が叫ばれるなか、大切なことではないかと考えている。

この20年間様々な困難があったが、あるじゅは、大家と居住者がお互いの「共生」の精神を根底に置き、時にコーディネーターが加わり賃貸システムを改変できたことが、破綻しなかった最大の要因である。「共生」の精神のもと、入居者のコミュニティ活動が活発に行われ、新たな集住価値（文化）を見出し、退去者が出た時にも新しい居住者を見つけることができた、これこそが今後の普及の鍵であるとも言える。
そして、あるじゅの親世代が作り上げた「積極的に住み合う集住文化」は、あるじゅで育った第2世代にも十分伝承されていることがわかった。ただそれは、単にあるじゅのコミュニティをそのまま引き継ぐのではなく、自ら新たな場面で積極的に働きかけてコミュニティづくりをしている様子が伺えた。また、自分の親だけでなくたくさんの大人の背中を見て育った経験が、生きる道を見つけることにつながりしっかり歩んでいる様子も垣間見える。

大家の借入れ返済が終了する31年目以降、家賃を大きく引き下げる合意がされており、老後も安心して住み続けることが可能なこの賃貸システムは、「所有」にこだわらない今後の日本の居住形態のひとつの良き方向性を示唆しているとも言える。
そのためにも、このような良質な賃貸住宅ストックに対する公的な支援や、古くなった公社・公団（UR）賃貸住宅、公営賃貸住宅でのコミュニティコープ＝住み手参加型賃貸住宅への展開が望まれる。また、欧米諸国にみられるような、住宅組合が建物を所有し、居住者は組合から居住権的な債権を得ることで住み続けていく方式が実現できるならば、入居者の交替等もスムーズにできる可能性がある。(5) 昨今、高経年になり建物が老朽化し居住者も高齢化してきている区分所有マンションの維持管理が問題となってきているが、その課題解決への一石になる可能性もある。

戦後復興の最大目標であった住宅の大量供給の時代は、2006年をピークに人口減少に入った日本では終焉を迎えている。大量生産・大量消費から脱却する21世紀では、一人ひとりが活き活きと働き、生活し、地域の中で助け合い育みあう社会を再構築することが望ましい。今後は、現在あるストックを活用し、用途変換し、リノベーションにより再生していく、一人ひとりの暮らしに目を向けた小規模で多様な住まいが求められる。そのために、このような小さな共同体が地域にいくつもできて、重なり合い刺激し合う地域社会に広がっていくことを期待する。

（1）NPOコーポラティブハウス全国推進協議会「コーポラティブ方式を担う建築技術者に必要な知識と資質向上のための業務マニュアルの作成」2014
（2）江國智洋・丁志映「日本初の賃貸型コーポラティブハウスの居住者主体による賃貸システム改変の変遷に関する研究――"あるじゅ"の事例を通して――」都市住宅学会「都市住宅学91号」所収、2015
（3）三浦史郎「『コミュニティコーポあるじゅ』東京・柴又のある実践記録」日本住宅会議「住宅会議32号」所収、1994
（4）民間金融機関の住宅ローン金利推移（変動金利等）（2015年度）、（独）住宅金融支援公庫に、あるじゅの5年固定変動金利を追記した。
（5）神谷宏治・延藤安弘・池沢喬・中林由行『コーポラティブ・ハウジング』鹿島出版会、1988
（6）江國智洋「賃貸型コープ住宅の成立過程に関する研究」北海道大学修士論文、1995
（7）江國智洋・足達富士夫・野口孝博・森下満「賃貸型コープ住宅の成立過程に関する研究――〈あるじゅ〉の事例を中心に――」日本建築学会「大会学術講演梗概集」所収、1995
（8）江國智洋・丁志映「居住者主体による賃貸システム改変の変遷――日本初の賃貸型コーポラティブハウス「あるじゅ」の経年変化に関する研究 その1」日本建築学会「大会学術講演梗概集」所収、2015

（9）江國智洋・丁志映「賃貸型コーポラティブハウスあるじゅの経年変化に関する研究　その4　あるじゅで育った第2世代の居住感を通して」日本建築学会「大会学術講演梗概集」所収、2016

〈執筆者〉

江国智洋

1969年生まれ。北海道大学大学院建築工学研究科卒。㈱象地域設計に参加。現在、象地域設計取締役。大学時代の修士論文であるじゅの成立過程を取り上げた。象地域設計に入所後、あるじゅその後の変化についてコーディネーターの一員として関わってきて現在に至っている。

三浦史郎

1945年生まれ。日本大学建築学科卒。㈱小西設計経て、㈱象地域設計に参加。現在、象地域設計相談役。あるじゅ建設段階からのコーディネーターで、大家と居住者を結びつけ、あるじゅ事業を実現させ、竣工後もあるじゅと関わりを持っている。

西山夘三記念 すまい・まちづくり文庫（略称：西山文庫）**について**

わが国の住生活及び住宅計画研究の礎を築いた故京都大学名誉教授西山夘三が生涯にわたって収集・創作してきた膨大な研究資料の保存継承を目的として1997年に設立された文庫で、住まい・まちづくり研究の交流ネットワークの充実、セミナーやシンポジウムの開催、研究成果の出版などを行っています。「人と住まい文庫」シリーズは、すまい・まちづくりに関する研究成果をより広く社会に還元していくための出版事業であり、積水ハウス株式会社の寄付金によって運営されています。

大家と居住者の共生ものがたり

～賃貸型コーポラティブハウス“あるじゅ”二十年～

2017年11月8日発行

著　者　江國智洋・三浦史郎
発行者　海道清信
発行所　特定非営利活動法人 西山夘三記念 すまい・まちづくり文庫
〒619-0224　京都府木津川市兜台6-6-4 積水ハウス総合住宅研究所内
電話　0774(73)5701
http://www.n-bunko.org/
編集協力　アザース
デザイン　松浦瑞恵
印　刷　株式会社ワーカフィル

Printed in Japan
ISBN978-4-909395-01-6